AF175715

Impressum
Verlag: BABADADA GmbH, Nedderfeld 112 , 22529 Hamburg
Geschäftsführer / Verlagsleitung: Harald Hof
Druck: Books on Demand GmbH, In de Tarpen 42, 22848 Norderstedt

Imprint
Publisher: BABADADA GmbH, Nedderfeld 112 , 22529 Hamburg, Germany
Managing Director / Publishing direction: Harald Hof
Print: Books on Demand GmbH, In de Tarpen 42, 22848 Norderstedt

سکول

school

کلاس روم
classroom
تقسیم
divide
186/2
بورڈ
board
سکول نا میدان
استاد
teacher
کاغذ
paper
write
قلم
pen
میز
desk
سکیل
ruler
کتاب
book
شاگرد
pupil

جزدان
....
satchel

پینسل دا ڈبہ
....
pencil case

پینسل
....
pencil

پینسل شارپنر
....
pencil sharpener

ربر
....
rubber

ڈرائنگ پیڈ
....
drawing pad

ڈرائنگ

drawing

پینٹ برش

paintbrush

پینٹ باکس

paint box

قینچی

scissors

گلو

glue

مشقی کتاب

exercise book

گھر دا کم

homework

12

عدد

number

2+2

جمع

add

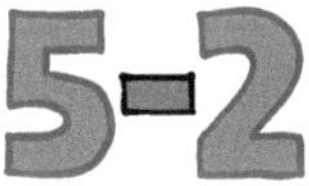

5-2

تفریق

subtract

2×2

ضرب

multiply

کیلکولیٹ

calculate

A

خطرہ

letter

ABCDEFG
HIJKLMN
OPQRSTU
VWXYZ

حروف تہجی

alphabet

hello

لفظ

word

متن

text

پڑھنا

read

چاک

chalk

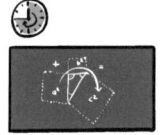

سبق

lesson

رجسٹر

register

امتحان

examination

سند

certificate

سکول نی وردی

school uniform

تَعلیم

education

انسائیکلوپیڈیا

encyclopedia

یونیورسٹی

university

مائیکرو سکوپ

microscope

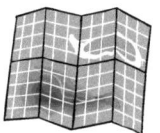

نقشہ

map

کچرے نا ڈبہ

waste-paper basket

بوٹل
hotel

باسٹل
hostel

ROOMS

ایکسچینج دفتر
currency exchange office

EXCHANGE

سوٹ کیس
suitcase

کار
car

بولی
language

ہاں /نہیں
yes / no

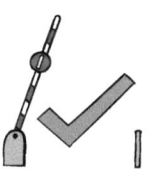

ٹھیک ہے
Okay

اسلام و علیکم
hello

ترجمان
translator

شکریہ
Thank you

ایہہ کنے نے ؟

....

how much is…?

می سمجھ نئیں رلی

....

I don´t get it

مسئلہ

....

problem

اسلام و علیکم

....

Good evening!

اسلام و علیکم

....

Good morning!

اللہ حافظ

....

Good night!

اللہ نے حوالے

....

goodbye

سمت

....

direction

سامان

....

luggage

بیگ

....

bag

بیک پیک

....

backpack

مہمان

....

guest

کمرہ

....

room

سلیپنگ بیگ

....

sleeping bag

خیمہ

....

tent

سیاح لئی معلومات
tourist information

ساحل سمندر
beach

کریڈٹ کارڈ
credit card

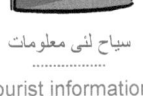

ناشتہ
breakfast

دوپہر نا کھانا
lunch

رات نا کھانا
dinner

ٹکٹ
Ticket

لفٹ
elevator

مہر
stamp

بارڈر
border

کسٹمز
customs

ایمبیسی
embassy

ویزا
visa

پاسپورٹ
passport

ٹرانسپورٹ

transport

جہاز
airplane
پانی آلا جہاز
ship
فائر انجن
fire truck
ٹرک
truck
بس
bus
موٹر بوٹ
motorboat
بائیک
bike
کار
car

فیری

ferry

کشتی

boat

موٹر بائیک

motorbike

پولیس کار

police car

ریسنگ کار

racing car

کرایہ نی گڈ

rental car

کار شئیرنگ

car sharing

بریک ڈاؤن ٹرک

tow truck

ریفیوز ٹرک

garbage truck

موٹر

engine

فیول

fuel

پٹرول سٹیشن

fuel station

ٹریفک سائن

traffic sign

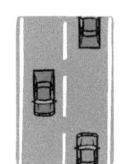

ٹریفک

traffic

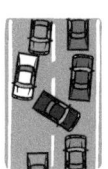

ٹریفک جام

traffic jam

کار پارک

parking lot

ریل سٹیشن

train station

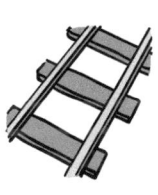

ٹریکس

tracks

ریل

train

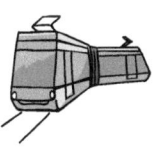

ٹرام

tram

کیرج

wagon

ہیلی کاپٹر

helicopter

ائر پورٹ

airport

مینار

tower

مسافر

passenger

کنٹینر

container

کاٹن

carton

چھکڑا

cart

بالٹی

basket

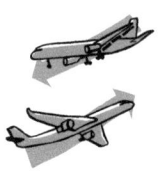

اڈنا / لہنا

take off / land

شہر
city

پنڈ

village

سٹی سینٹر

city center

کھار

house

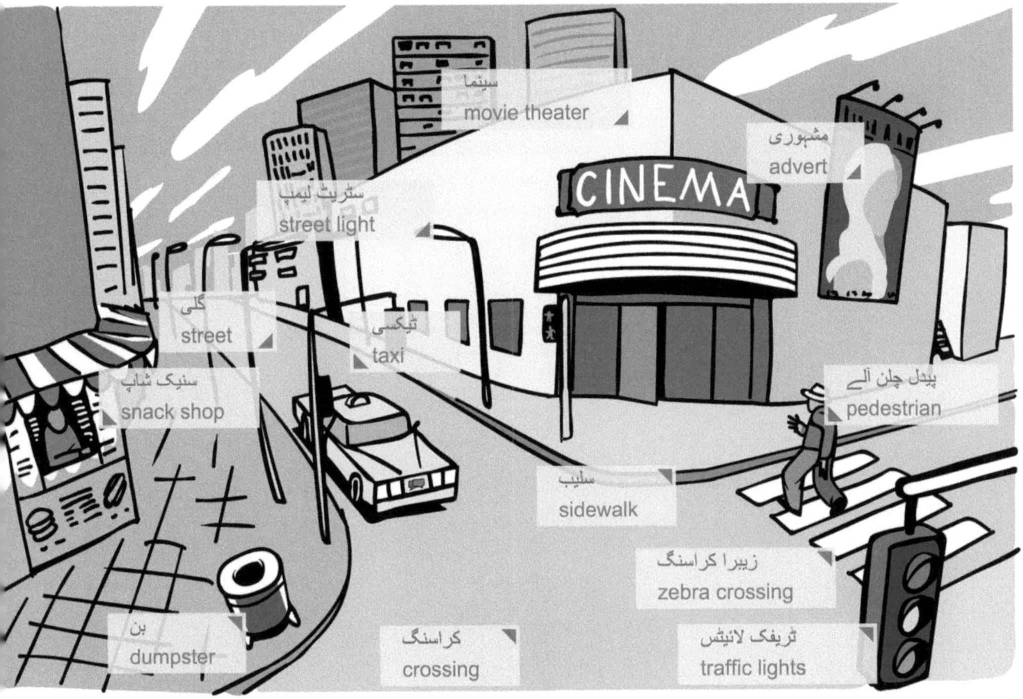

سینما
movie theater

مشہوری
advert

سٹریٹ لیمپ
street light

CINEMA

گلی
street

ٹیکسی
taxi

پیدل چلن آلے
pedestrian

سنیک شاپ
snack shop

سلیب
sidewalk

زیبرا کراسنگ
zebra crossing

بن
dumpster

کراسنگ
crossing

ٹریفک لائٹس
traffic lights

ہٹ
....
hut

فلیٹ
....
apartment

ریل سٹیشن
....
train station

ٹاؤن ہال
....
city hall

میوزنیم
....
museum

سکول
....
school

یونیورسٹی

university

بنک

bank

ہسپتال

hospital

ہوٹل

hotel

فارمیسی

pharmacy

دفتر

office

کتب خانہ

book shop

ہٹی

shop

پھلاں الے

flower shop

سپر مارکیٹ

supermarket

بازار

market

ڈیپارٹمنٹ سٹور

department store

مچھیرے

fishmonger's shop

شاپنگ سینٹر

mall

بندرگاہ

harbor

پارک
....
park

بنچ
....
bench

پل
....
bridge

سیڑھیاں
....
stairs

انڈر گراؤنڈ
....
subway

ٹنل
....
tunnel

بس سٹاپ
....
bus stop

بار
....
bar

ریسٹورنٹ
....
restaurant

پوسٹ بکس
....
postbox

سٹریٹ سائن
....
street sign

پارکنگ میٹر
....
parking meter

چڑیا گھر
....
zoo

سوئمنگ پول
....
swimming pool

مسجد
....
mosque

فارم

farm

آلودگی

pollution

قبرستان

cemetery

چرچ

church

پلے گراؤنڈ

playground

مندر

temple

منظر

landscape

پتّہ
leaf

سائن پوسٹ
signpost

راہ
path

سرسبز میدان
meadow

پتھر
stone

ہائکر
hiker

درخت
tree

دریا
river

کاہ
grass

پھل
flower

وادی

valley

پہاڑی

hill

نہر

lake

جنگل

forest

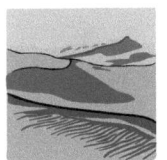

صحرا

desert

آتش فشاں

volcano

قلعہ

castle

رین بو

rainbow

کھمبی

mushroom

پام ٹری

palm tree

مچھر

mosquito

مکھی

fly

چیونٹا

ant

مکھی

bee

مکڑی

spider

بھونرا

beetle

مینڈک

frog

گلہری

squirrel

سیہہ

hedgehog

ساھیا

hare

الو

owl

پرندہ

bird

راج ہنس

swan

نر سور

boar

ہرن

deer

بارہ سنگا

moose

ڈیم

dam

ونڈ ٹربائن

wind turbine

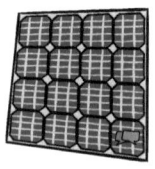

شمسی توانائی دا پینل

solar panel

آب و ہوا

climate

ریسٹورنٹ
restaurant

ویٹر
waiter
مینیو
menu
کرسی
chair
سوپ
soup
پیزا
pizza
cutlery
میز نا کپڑا
tablecloth

سٹارٹر
....
starter

مین کورس
....
main course

ڈیزرٹ
....
dessert

مشروب
....
drinks

کھانا
....
food

بوتل
....
bottle

فاسٹ فوڈ
fast food

سٹریٹ فوڈ
street food

ٹی پاٹ
teapot

شوگر بول
sugar bowl

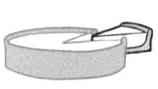

پورشن
portion

اسپریسو مشین
espresso machine

ہائی چئیر
high chair

بل
bill

ٹرے
tray

چھری
knife

کنڈا
fork

چمچ
spoon

ٹی سپون
teaspoon

تولیہ
serviette

گلاس
glass

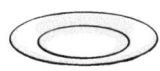

پلیٹ

plate

سوپ پلیٹ

soup plate

ساسر

saucer

چٹنی

sauce

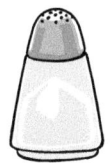

نمک دانی

salt shaker

پیپر مل

pepper mill

سرکہ

vinegar

تیل

oil

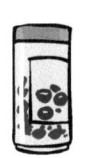

مصالحہ

spices

کیچپ

ketchup

سرہیئوں

mustard

مینیز

mayonnaise

سپر مارکیٹ

supermarket

سپیشل آفر
special offer
FOR
گاہک
customer
ڈیری
dairy products
پھل
fruit
ٹرالی
shopping cart

قصائی

butcher's shop

بیکرز

bakery

وزن

weigh

سبزیاں

vegetables

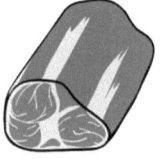

گوشت

meat

فروزن فوڈ

frozen food

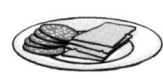

کولڈ گوشت

cold cuts

ٹن فوڈ

canned food

واشگ پوڈر

detergent

مٹھائی

candy

گھار دیاں چیزاں

household products

صفائی آلی چیزاں

cleaning products

سیل مین

sales representative

ٹل

cash register

کیشئیر

cashier

شاپنگ لسٹ

shopping list

کھلن دا ویلا

opening hours

پرس

wallet

کریڈٹ کارڈ

credit card

بیگ

bag

پلاسٹک بیگ

plastic bag

مشروب
drinks

پانی

water

جوس

juice

دده

milk

کوک

coke

شراب

wine

شراب

beer

شراب

alcohol

کوکا

cocoa

چا

tea

کافی

coffee

اسپریسو

espresso

کیپچینو

cappuccino

کھانا
food

کیلا

banana

سیب

apple

موسمبی

orange

تربوز

melon

نیمبو

lemon

گاجر

carrot

لہسن

garlic

بانس

bamboo

پیاز

onion

کھمبی

mushroom

میوے

nuts

نوڈلز

noodles

سپیگیٹی

spaghetti

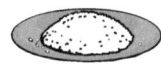

چاول

rice

سلاد

salad

چپس

fries

تلے ہوئے آلو

fried potatoes

پیزا

pizza

ہیم برگر

hamburger

سینڈوچ

sandwich

تکے

escalope

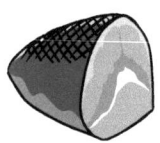

ہیم

ham

سلامی

salami

ساسج

sausage

مرغی

chicken

بھنیا ہویا

roast

مچھی

fish

جو نا دلیہ

porridge oats

مولی

muesli

کارن فلیکس

cornflakes

آٹا

flour

کرائسنٹ

croissant

بریڈ رول

bread roll

روٹی

bread

ٹوسٹ

toast

بسکٹ

cookies

مکھن

butter

دہی

curd

کیک

cake

انڈا

egg

تلیا انڈا

fried egg

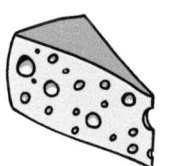

پنیر

cheese

آئس کریم

ice cream

چینی

sugar

شہد

honey

جام

jelly

چاکلیٹ سپریڈ

nougat cream

سالن

curry

فارم
farm

گودام
barn
ونڈا
straw bale
جیویں
field
گھوڑا
horse
trailer
بچھیرا
foal
ٹریکٹر
tractor
کھوتا
donkey
بھیڈ
sheep
بھیڑ
lamb

بکری
goat

گاں
cow

بچھڑا
calf

سور
pig

پگ لیٹ
piglet

بیل
bull

بطخ

goose

بطخ

duck

چوزہ

chick

مرغی

hen

مرغا

cockerel

چوہا

rat

بلی

cat

چوہا

mouse

بیل

ox

کتا

dog

کتے نا کھار

dog house

لان نا پائپ

garden hose

پانی نا ڈبی

watering can

درانتی

scythe

ہل

plow

درانتی

sickle

ہو

hoe

ترنگل

pitchfork

کوہاڑی

axe

ریڑھی

pushcart

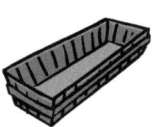

ڈونگا

trough

ددھ نا ڈبہ

milk can

بورا

sack

باڑ

fence

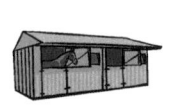

اصطبل

stable

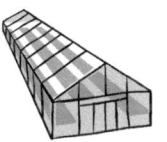

گرین ہاؤس

greenhouse

مٹی

soil

بیج

seed

کھاد

fertilizer

کمبائن ہارویسٹر

combine harvester

فصل

harvest

فصل

harvest

يامز

yams

کنک

wheat

سويا

soya

آلو

potato

مکئی

corn

تلی

rapeseed

پهلدار درخت

fruit tree

کاساوا

manioc

اناج

grain

کھار
house

چمنی
chimney
roof
نالی
downspout
window
گیراج
garage
دروازے نی گھنٹی
doorbell
دروازہ
door
کچرا دان
trash can
لیٹر باکس
mailbox
باغ
garden

لونگ روم

living room

باته روم

bathroom

باورچہ خانہ

kitchen

بیڈروم

bedroom

بچیاں نا کمرہ

kids room

ڈائننگ روم

dining room

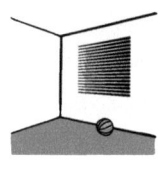

فرش

floor

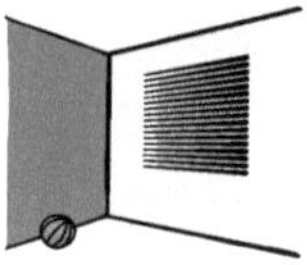

دیوار

wall

چھت

ceiling

سلہا

cellar

سوانا

sauna

بالکنی

balcony

ٹیرس

terrace

پول

pool

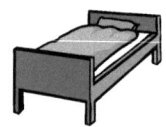

لان موور

lawn mower

شیٹ

sheet

بیڈ سپریڈ

bedspread

بیڈ

bed

جھاڑو

broom

بالٹی

bucket

سوئچ

switch

لونگ روم
living room

وال پیپر
wallpaper
تصویر
picture
لیمپ
lamp
شیلف
shelf
الماری
cabinet
ٹیلیویژن
television
آگ دان
fireplace
پھل
flower
کشن
cushion
صوفہ
sofa
گلدان
vase
ریموٹ کنٹرول
remote control

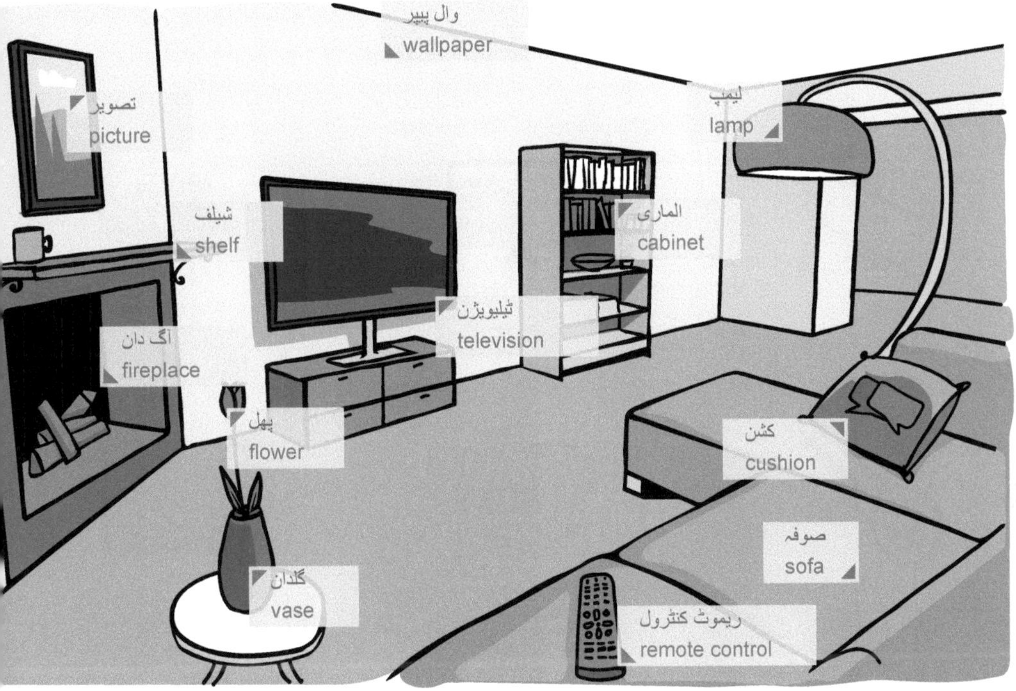

قالین

carpet

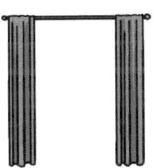

پردے

drape

میز

table

کرسی

chair

راکنگ چئیر

rocking chair

آرم چئیر

armchair

کتاب
....
book

کمبل
....
blanket

ڈیکوریشن
....
decoration

کولے
....
firewood

فلم
....
film

ہائی فائی آلات
....
stereo system

چابی
....
key

اخبار
....
newspaper

پینٹنگ
....
painting

پوسٹر
....
poster

ریڈیو
....
radio

نوٹ پیڈ
....
notebook

ہوور
....
vacuum cleaner

کیکٹس
....
cactus

موم بتی
....
candle

باورچہ خانہ
kitchen

فرج
fridge
مائیکرو ویو اوون
microwave oven
کچن سکیل
ٹوسٹر
toaster
صرف
laundry detergent
اوون
stove
فریزر
freezer
کچرا دان
trash can
پھانڈے دھون آلا
dishwasher

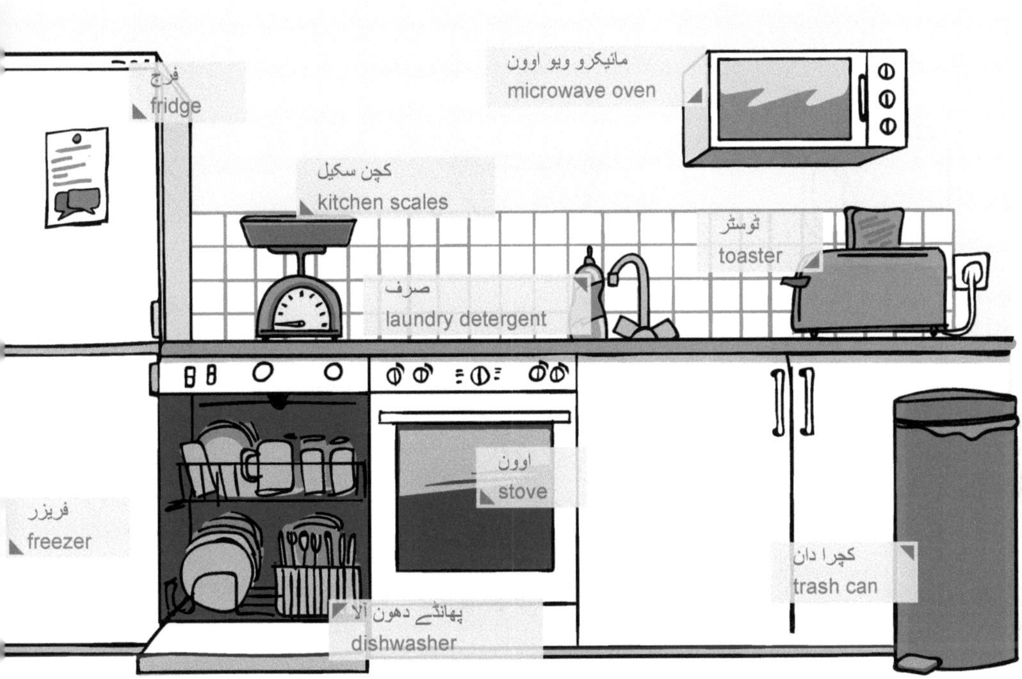

ککر

cooker

پاٹ

pot

کاسٹ آئرن پاٹ

cast-iron pot

ووک / کدائی

wok / kadai

پین

pan

کیتلی

kettle

سٹیمر

steamer

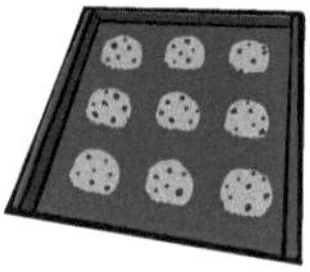

بیکنگ ٹرے

baking tray

پھانڈے

crockery

مگا

mug

پیالہ

bowl

چوپ سٹکس

chopsticks

کرچھل

ladle

اسپالی

spatula

پھینٹن آلا

whisk

چھننا

strainer

چھننی

sieve

جھاواں

grater

کھان پکان آلا چمچہ

mortar

باربی کیو

barbecue

چولھا

fireplace

کٹنگ بورڈ

chopping board

رولنگ پن

rolling pin

کارک سکرو

corkscrew

کین

can

کین کھلون آلا

can opener

پاٹ پگڑن آلا

oven cloth

سنک

sink

برش

brush

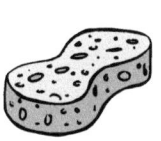

سپنج

sponge

بلینڈر

blender

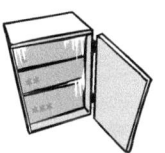

ڈیپ فریزر

deep freezer

بچے نی بوتل

baby bottle

ٹوٹی

tap

باتہ روم
bathroom

شاور
shower
heating
تولیہ
towel
شاور کرٹن
shower curtain
bubble bath
نہان آلا ٹب
bathtub
گلاس
glass
واشنگ مشین
washing machine
ٹوٹی
tap
tiles
پاخانہ
potty
سنک
sink

ٹوائلٹ

toilet

ٹوائلٹ

squat toilet

بڈٹ

bidet

پیشاب

urinal

ٹوائلٹ پیپر

toilet paper

ٹوائلٹ برش

toilet brush

ٹوتھ برش

toothbrush

ٹوتھ پیسٹ

toothpaste

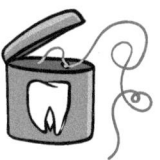

ڈینٹل فلاس

dental floss

دھونا

wash

ہتھ وچ پھڑن آلا شاور

hand shower

شاور

douche

بیسن

basin

بیک برش

back brush

صابن

soap

شاور جیل

shower gel

شیمپو

shampoo

فلالین

flannel

نالی

drain

کریم

creme

ڈیوڈرنٹ

deodorant

آئینہ

mirror

ہتہ آلا شیشہ

hand mirror

استرا

razor

شیونگ فوم

shaving foam

آفٹر سیو

aftershave

کنگھا

comb

برش

brush

ہئیر ڈرائر

hair-dryer

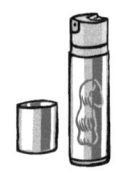

ہئیر سپرے

hairspray

میک اپ

makeup

لپ سٹک

lipstick

ناخن نی وارنش

nail varnish

کاٹن وول

cotton wool

ناخن کتر

nail scissors

پرفیوم

perfume

واش بیگ

washbag

پاخانہ

stool

وزن دا پیمانہ

weighing scales

باته نی الماری

bathrobe

ربر نے دستانہ

rubber gloves

بفر

tampon

تولیہ سٹینڈ

sanitary towel

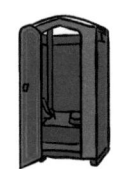

کیمیکل ٹوائلٹ

chemical toilet

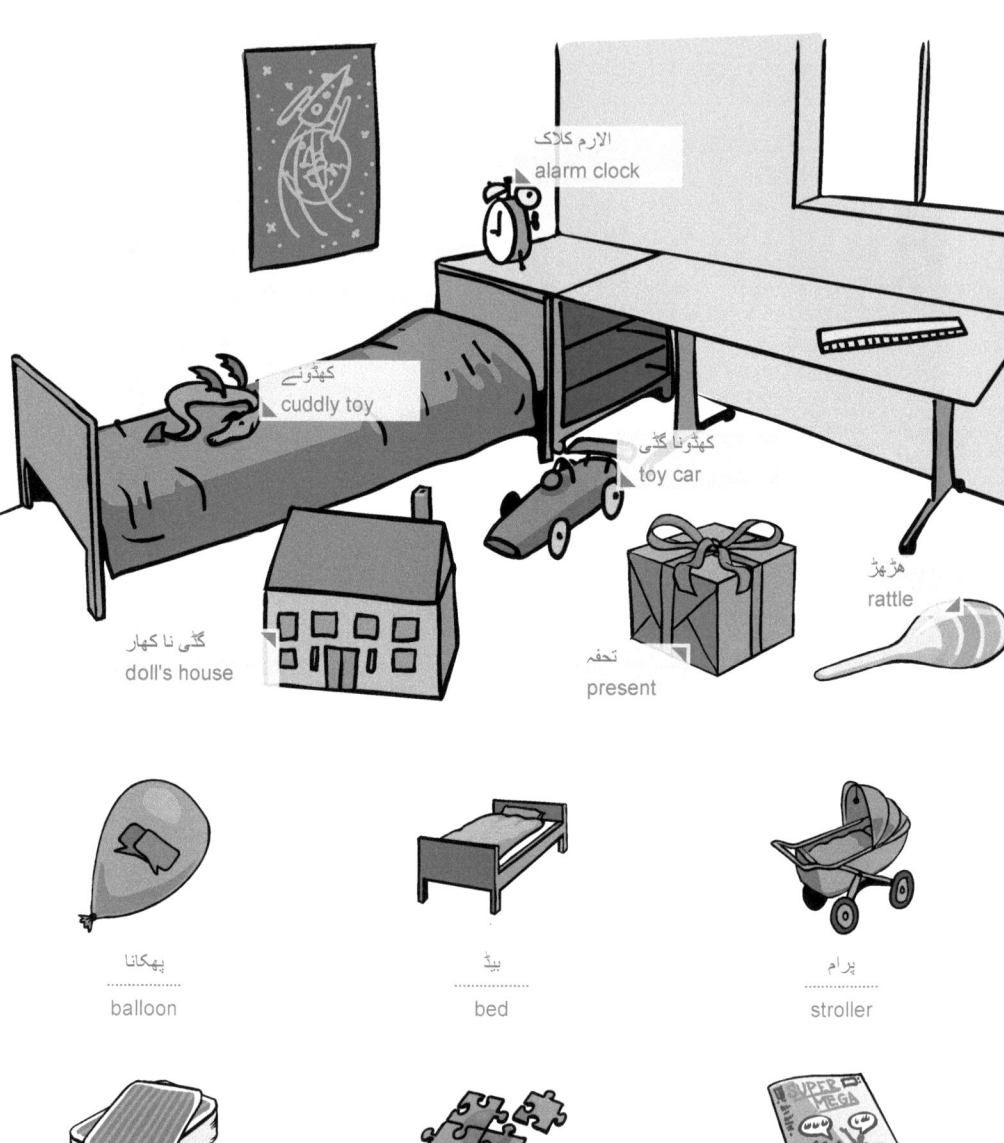

بچیاں نا کمرہ

kids room

الارم کلاک
alarm clock
کھڈونے
cuddly toy
کھڈونا گڈی
toy car
rattle
doll's house
تحفہ
present

پھکانا

balloon

بیڈ

bed

پرام

stroller

تاش نے پتے

deck of cards

جگ سا

jigsaw

کامک

comic

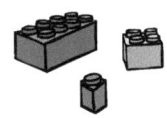

لیگو برکس

lego bricks

بلڈنگ بلاکس

toy blocks

کھڈونا

action figure

بے بی گرو

romper suit

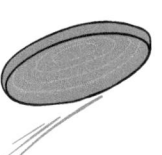

فرزوی

frisbee

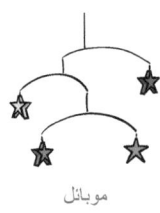

موبائل

mobile

بورڈ گیم

board game

ڈائس

dice

ماڈل ٹرن سیٹ

model train set

ڈمی

pacifier

پارٹی

party

تصویری کتاب

picture book

گیند

ball

گڈی

doll

کھیڈنا

play

سینڈ پٹ

sandpit

جھولا

swing

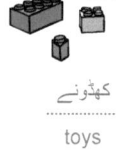

کھڈونے

toys

ویڈیو گیم کنسول

video game console

ٹرائی سائیکل

tricycle

ٹیڈی بئیر

teddy bear

الماری

wardrobe

کپڑے

clothing

جراباں

socks

جراباں

stockings

ٹائٹس

tights

سکارف
scarf

چھتری
umbrella

بیلٹ
belt

ٹی شرٹ
t-shirt

بوٹ
boots

سلیپر
slippers

جوگر
sneakers

سینڈل
....
sandals

جوتی
....
shoes

ربر نے جوتی
....
rubber boots

انڈر وئیر
....
underwear

برا
....
bra

بنیان
....
undershirt

کپڑے - clothing

45

جسم

body

پاجامہ

pants

جینز

jeans

سکرٹ

skirt

برا

blouse

قمیض

shirt

سوئیٹر

pullover

ہوڈی

sweater

کوٹ

blazer

جیکٹ

jacket

کوٹ

coat

برساتی

raincoat

کاسٹیوم

costume

کپڑے

dress

شادی نا جوڑا

wedding dress

سوٹ

suit

راتے نے کپڑے

nightgown

پاجامہ

pajamas

ساڑھی

sari

سکارف

headscarf

پگڑی

turban

برقعہ

burka

کفتان

kaftan

برقعہ

abaya

نہان والے کپڑے

swimsuit

انڈروئیر

trunks

نیکر

shorts

ٹریک سوٹ

tracksuit

دھوتی

apron

دستانے

gloves

بٹن

button

چشمہ

glasses

بریسلیٹ

bracelet

ہار

necklace

انگوٹھی

ring

کنڈے

earring

ٹوپی

cap

کوٹ ہینگر

coat hanger

ٹوپی

hat

ٹائی

tie

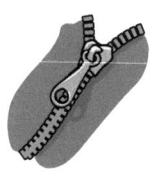

زپ

zip

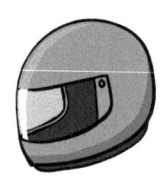

ہیلمٹ

helmet

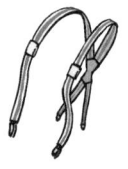

بریسز

braces

سکول نی وردی

school uniform

وردی

uniform

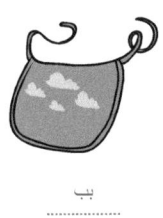

بب

bib

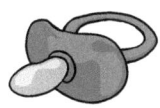

ڈمی

pacifier

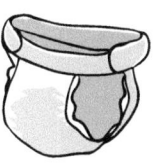

ناپی

diaper

دفتر
office

سرور
server
فائلاں نے الماری
filing cabinet
پرنٹر
printer
کاغذ
paper
مانیٹر
monitor
ماؤس
mouse
میز
desk
فولڈر
folder
کی بورڈ
keyboard
کچرے نا ڈبہ
waste-paper basket
کمپیوٹر
computer
کرسی
chair

کافی مگ

coffee mug

کیلکولیٹر

calculator

انٹرنیٹ

internet

لیپ ٹاپ

laptop

خط

letter

پیغام

message

موبائل

cell phone

نیٹ ورک

network

فوٹو کاپئیر

photocopier

سافٹ وئیر

software

ٹیلیفون

telephone

پلگ ساکٹ

plug socket

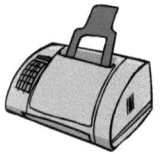

فکس مشین

fax machine

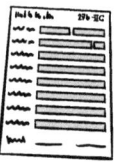

فارم

form

دستاویزات

document

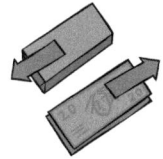

خریدنا

buy

ادا کرنا

pay

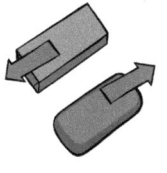

تجارت

trade

پیسہ

money

ڈالر

dollar

یورو

euro

ین

yen

ربل

rouble

سویس فرانک

Swiss franc

رینمینبی یوان

renminbi yuan

روپیہ

rupee

کیش پوائنٹ

cash point

ایکسچینج دفتر

currency exchange office

سونا

gold

چاندی

silver

تیل

oil

توانائی

energy

قیمت

price

معاہدہ

contract

ٹیکس

tax

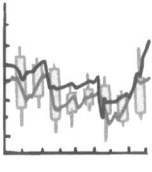

سٹاک

stock

کم

work

ملازم

employee

آجر

employer

فیکٹری

factory

ہٹی

shop

پیشہ
occupations

اگ بجھان آلا
fireman
پلس افسر
police officer
cook
ڈاکٹر
doctor
پائلٹ
pilot

مالی

gardener

برھئی

carpenter

درزن

seamstress

جج

judge

کیمسٹ

chemist

ایکٹر

actor

بس ڈرائیور

bus driver

ٹیکسی ڈرائیور

taxi driver

مچھیرا

fisherman

صفائی آلی جنانی

cleaning lady

روفر

roofer

ویٹر

waiter

شکاری

hunter

پینٹر

painter

بیکری آلا

baker

الیکٹریشن

electrician

تعمیرات آلا

builder

انجینئیر

engineer

قصائی

butcher

پلمبر

plumber

پوسٹ مین

postman

سپاہی

soldier

آرکیٹیکٹ

architect

کیشئیر

cashier

پھلاں آلا

florist

نائی

hairdresser

کنڈکٹر

conductor

مکینک

mechanic

کپتان

captain

دندان ساز

dentist

سائنس دان

scientist

ربائی

rabbi

امام

imam

راہب

monk

انگریز

pastor

ٹولز
tools

ہتھوڑا
hammer
pliers
سکریو ڈرائیور
screwdriver
ٹارچ
torch
سپینر
wrench

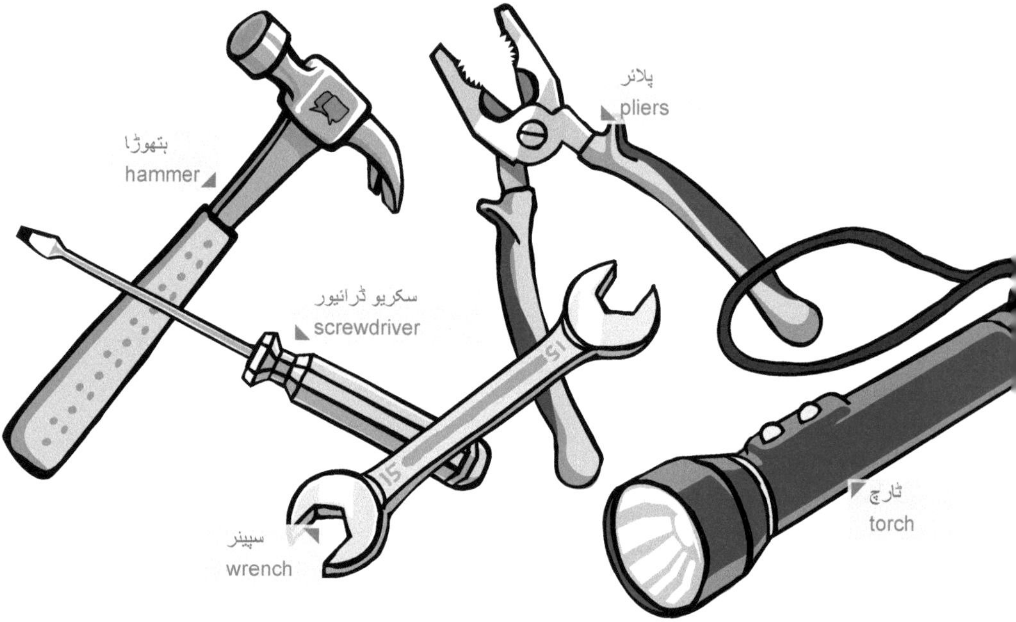

پھاوڑا

excavator

ٹول باکس

toolbox

سیڑھی

ladder

آری

saw

کیل

nails

ڈرل

drill

مرمت

repair

شاول

shovel

لعنت!

Damn!

ڈسٹ پین

dustpan

پینٹ پاٹ

paint can

سکریوز

screws

موسیقی نے آلات

musical instruments

لاؤڈ سپیکر
loud speaker
ڈرم کٹ
drum set
گٹار
guitar
ڈبل بیس
double bass
نرسنگے
trumpet

پیانو

piano

وائلن

violin

بیس

bass

ٹمپانی

timpani

ڈرمز

drums

کی بورڈ

keyboard

سیگزو فون

saxophone

بانسری

flute

مائکروفون

microphone

چڑیا کھار

ZOO

داخلہ
entrance
چیتا
tiger
پنجرہ
cage
زیبرا
zebra
جانوراں دا کھانا
animal feed
پانڈا
panda

جانور

animals

ہاتھی

elephant

کینگرو

kangaroo

گینڈا

rhino

گوریلا

gorilla

ریچھ

bear

اونٹ
camel

شُترمرغ
ostrich

شیر
lion

باندر
monkey

فلیمنگو
flamingo

طوطا
parrot

برفانی ریچھ
polar bear

پینگوئین
penguin

شارک
shark

مور
peacock

سپ
snake

مگرمچھ
crocodile

چڑیا گھر دا رکھوالا
zookeeper

سیل
seal

جیگوار
jaguar

پونی

pony

لیپرڈ

leopard

ہپو

hippo

زرافہ

giraffe

چیل

eagle

نر سور

boar

مچھی

fish

کیچھوا

turtle

والرس

walrus

لومبڑ

fox

گیزل

gazelle

کھیڈنا

sports

امریکن فٹابل
American football
سائکلنگ
cycling
ٹینس
tennis
باسکٹ بال
basketball
سوئیمنگ
swimming
باکسنگ
boxing
آئس ہاکی
ice hockey

فٹبال

soccer

بیڈ منٹن

badminton

ایتھلیٹکس

athletics

ہینڈ بال

handball

سکیینگ

skiing

پولو

polo

چھال مار
ump
چھپی پانا
hug
laugh
چلنا
walk
گانا گانا
sing
خواب
dream
دعا
pray
بوسہ
kiss

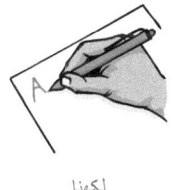

لکھنا

write

لیک لانا

draw

وکھانا

show

دھکا

push

دینا

give

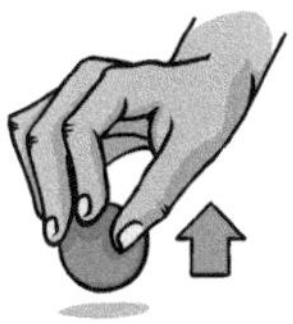

لینا

take

بے وے
....
have

کرنا
....
do

ہو
....
be

کھلونا
....
stand

دوڑنا
....
run

چیھکنا
....
pull

سٹنا
....
throw

ٹھینا
....
fall

جھوٹ
....
lie

انتظار
....
wait

چکنا
....
carry

بیھنا
....
sit

کپڑے پانا
....
get dressed

سونا
....
sleep

جاگنا
....
wake up

ویکھنا

look at

رونا/چلانا

cry

سٹروک

stroke

کنگھا

comb

گل کرنا

talk

سمجھنا

understand

پوچھنا/دسنا

ask

سننا

listen

پینا

drink

کھانا

eat

تیار ہونا

tidy up

محبت

love

پکانا

cook

گڈی چلانا

drive

اڈنا

fly

سمندری سفر

sail

کیلکولیٹ

calculate

پڑھنا

read

سیکھنا

learn

کم

work

شادی

marry

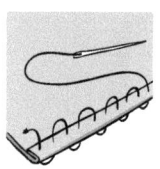

سیونا

sew

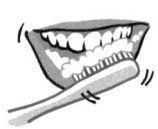

دند صاف

brush teeth

قتل

kill

دھواں

smoke

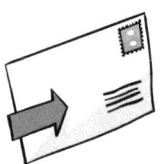

بھیجنا

send

کنبہ
family

دادی
grandmother
دادا
grandfather
پیو
father
mother
بچہ
baby
دھی
daughter
پتر
son

مہمان

guest

ماسی / پھو

aunt

چاچا/ماما

uncle

بھرا

brother

بہن

sister

جسم

body

متھا
forehead
اکھ
eye
منڈھے
shoulder
انگلی
finger
منہ
face
ٹھوڑی
chin
hand
چھاتی
breast
لت
leg
بانہ
arm

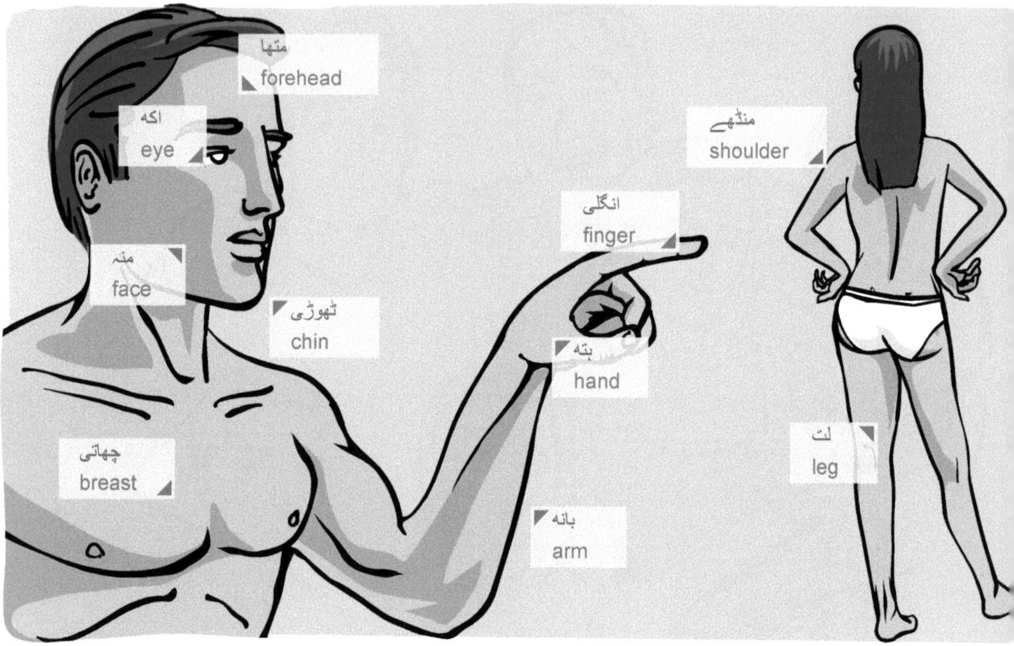

بچہ

baby

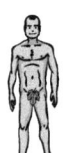

بندہ

man

جنانی

woman

کڑی

girl

مڑا

boy

سر

head

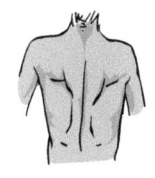

کمر
....
back

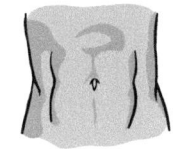

ٹھڈ
....
belly

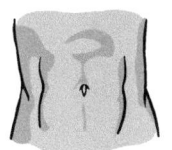

تھنی
....
navel

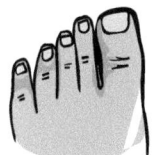

پنجہ
....
toe

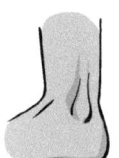

اڈی
....
heel

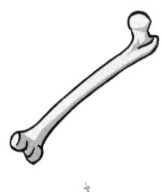

ہڈ
....
bone

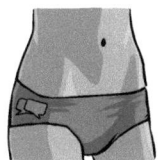

کولہے
....
hip

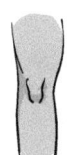

گوڈے
....
knee

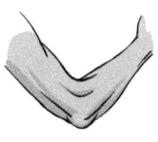

کہنی
....
elbow

نک
....
nose

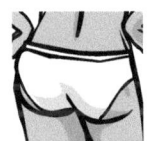

زیر جامہ
....
buttocks

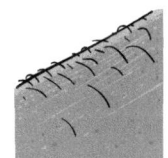

کھل
....
skin

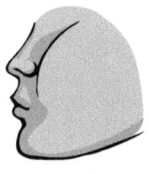

گلاں
....
cheek

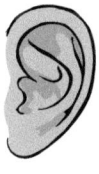

کن
....
ear

بل
....
lip

منہ

mouth

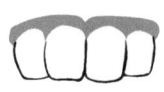

دند

tooth

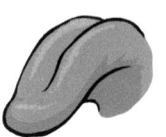

زبان

tongue

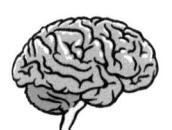

دماغ

brain

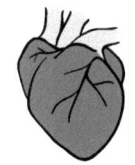

دل

heart

پٹھے

muscle

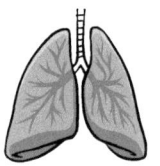

پھیپڑے

lung

جگر

liver

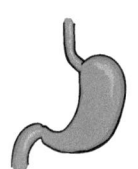

ٹھڈ

stomach

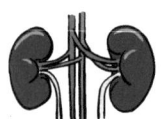

گردے

kidneys

جنس

sex

کنڈم

condom

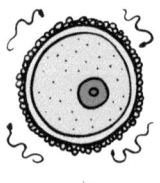

انڈے

ovum

منی

semen

حمل

pregnancy

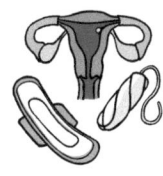

حیض
....
menstruation

اندام نهانی
....
vagina

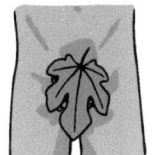

عضو تناسل
....
penis

بهوں
....
eyebrow

بال
....
hair

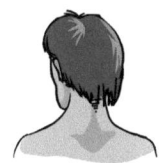

گردن
....
neck

ہسپتال
hospital

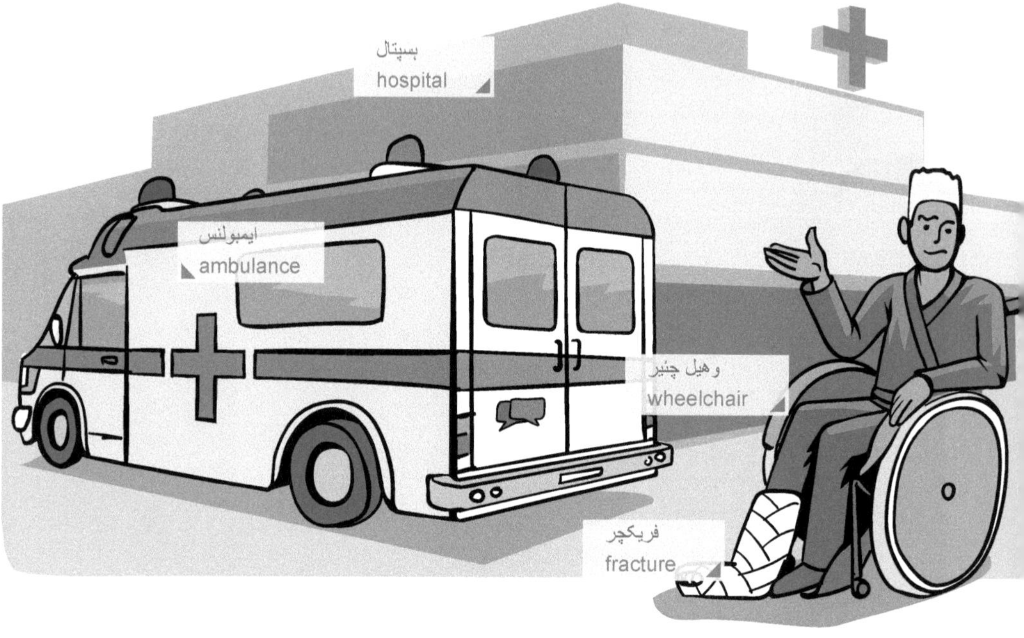

ایمبولنس
ambulance
وھیل چئیر
wheelchair
فریکچر
fracture

ڈاکٹر

doctor

ہنگامی کمرہ

emergency room

نرس

nurse

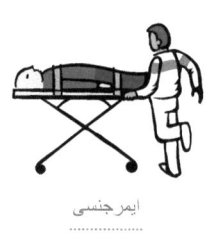

ایمرجنسی

emergency

بے ہوش

unconscious

درد

pain

سٹ

injury

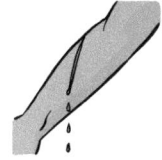

خون نکلنا

bleeding

دل نا دورہ

heart attack

فالج

stroke

الرجی

allergy

کھنگ

cough

تپ

fever

نزلہ

flu

اسہال

diarrhea

سر درد

headache

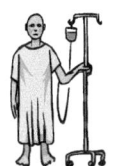

کینسر

cancer

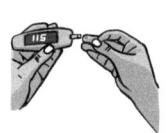

شوگر(ذیابطس)

diabetes

سرجن

surgeon

سکیلپیل

scalpel

آپریشن

operation

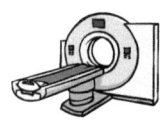

سی ٹی

CT

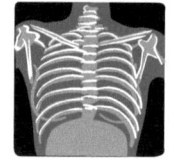

ایکسرے

x-ray

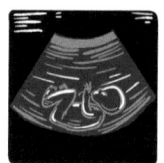

الٹرا ساؤنڈ

ultrasound

چہرہ نا ماسک

face mask

بماری

disease

انتظار گاہ

waiting room

بیساکھی

crutch

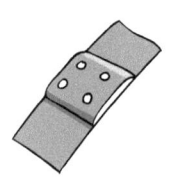

پلستر

plaster

پٹی

bandage

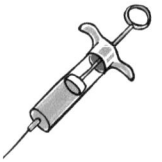

ٹیکہ

injection

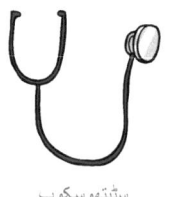

سٹیتھوسکوپ

stethoscope

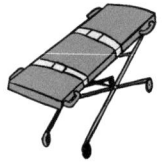

اسٹریچر

stretcher

کلینکل تھرمومیٹر

clinical thermometer

پیدائش

birth

زائدالوزن

overweight

سنن لئی آلہ

hearing aid

جراثیمم کش

disinfectant

متعدی مرض

infection

وائرس

virus

HIV/AIDS

HIV / AIDS

دوائی

medicine

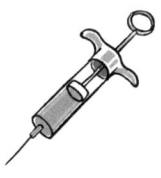

ویکسینیشن

vaccination

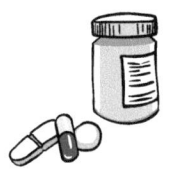

گولیاں

tablets

گولی

pill

ہنگامی کال

emergency call

بلڈ پریشر مانیٹر

blood pressure monitor

بیمار / صحتمند

ill / healthy

ایمرجنسی

emergency

مدد!

Help!

الارم

alarm

حملہ

assault

حملہ

attack

خطرہ

danger

ہنگامی اخراج

emergency exit

اگ!

Fire!

اگ بجھانے والا آلہ

fire extinguisher

حادثہ

accident

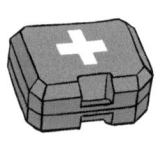

فرسٹ ایڈ کٹ

first-aid kit

SOS

SOS

پلس

police

زمین
earth

یورپ

Europe

شمالی امریکہ

North America

جنوبی امریکہ

South America

افریقہ

Africa

ایشیاء

Asia

آسٹریلیا

Australia

اٹلانٹک

Atlantic

پیسیفک

Pacific

بحیرہ ہند

Indian Ocean

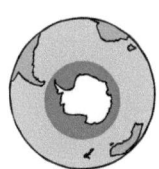

بھیرہ انٹارکٹک

Antarctic Ocean

بھیرہ آرکٹیک

Arctic Ocean

قطب شمالی

North pole

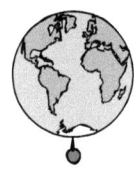

قطب جنوبی
South pole

انتارکتیکا
Antarctica

زمین
earth

خشکی
land

سمندر
sea

جزیره
island

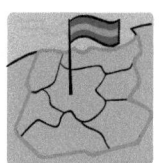

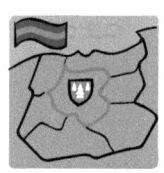

قوم
nation

ریاست
state

کلاک فیس

clock face

نکی سوئی

hour hand

وڈی سوئی

minute hand

سیکنڈ ہینڈ

second hand

کی ٹائم ہویا اے؟

What time is it?

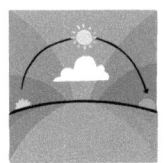

دن

day

وقت

time

ہون

now

ڈیجیٹل گھڑی

digital watch

منٹ

minute

گھنٹہ

hour

سوموار
Monday

بدھوار
Wednesday

جمعہ
Friday

منگل وار
Tuesday

ہفتہ
Saturday

جمعرات
Thursday

اتوار
Sunday

کل
....
yesterday

اج
....
today

کل
....
tomorrow

سویر
....
morning

دوپہر
....
noon

شام
....
evening

MO	TU	WE	TH	FR	SA	SU
1	2	3	4	5	6	7
8	9	10	11	12	13	14
15	16	17	18	19	20	21
22	23	24	25	26	27	28
29	30	31	1	2	3	4

کاروباری دن
....
workdays

MO	TU	WE	TH	FR	SA	SU
1	2	3	4	5	6	7
8	9	10	11	12	13	14
15	16	17	18	19	20	21
22	23	24	25	26	27	28
29	30	31	1	2	3	4

ویک اینڈ
....
weekend

سال

year

بارش
rain
رین بو
rainbow
ہوا
wind
برف
snow
بہار
spring
گرمی
summer
خزاں
fall
سردی
winter

4.APRIL 11°
5.APRIL 4°
6.APRIL 13°
7.APRIL 8°
8.APRIL 10°

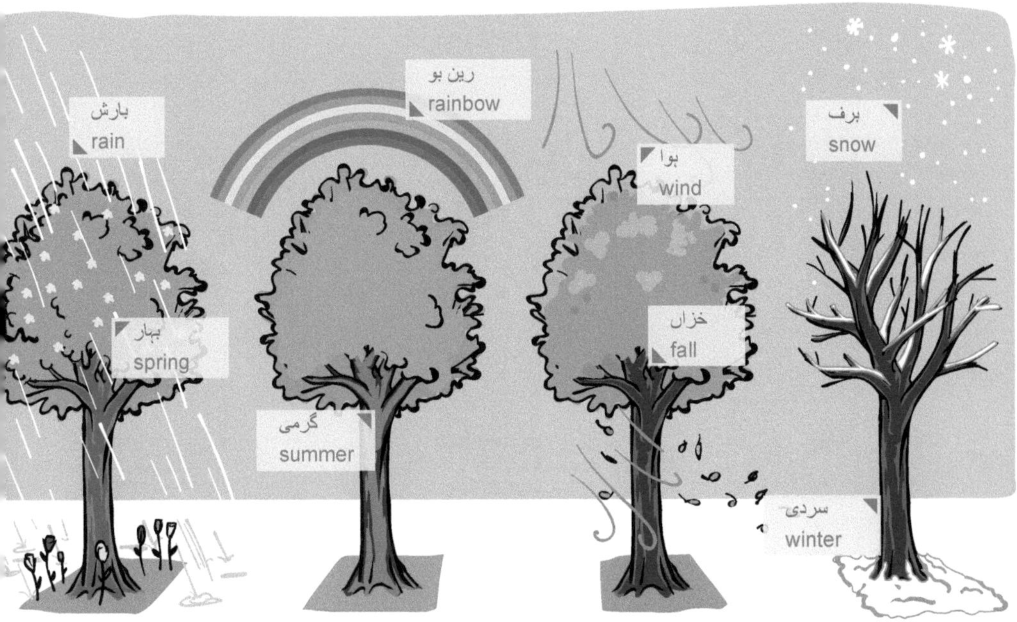

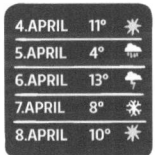

موسمی پیشگوئی
....
weather forecast

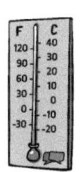

F C
120 40
90 30
60 20
30 10
0 0
-30 -10
-20

تھرمامیٹر
....
thermometer

سورج نے چمک
....
sunshine

بدل
....
cloud

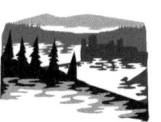

دھند
....
fog

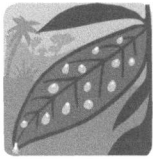

نمی
....
humidity

بجلی کڑکنا

lightning

گرج

thunder

نهیری

storm

اولے

hail

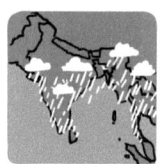

ساون

monsoon

سیلاب

flood

برف

ice

جنوری

January

فروری

February

مارچ

March

اپریل

April

مئی

May

جون

June

جولائی

July

اگست

August

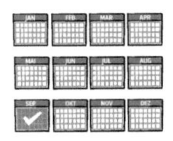

ستمبر
....
September

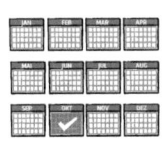

اکتوبر
....
October

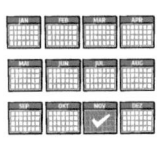

نومبر
....
November

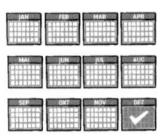

دسمبر
....
December

شکلاں

shapes

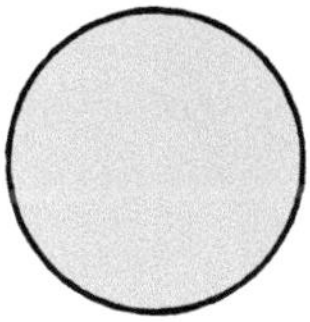

گول
....
circle

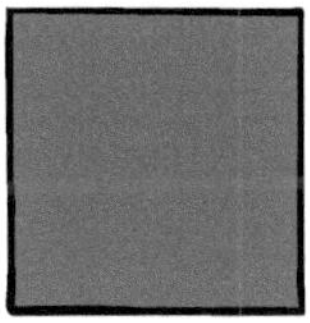

چوکور
....
square

مستطیل
....
rectangle

مثلث
....
triangle

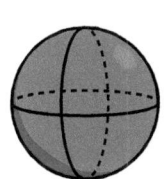

دائرہ نما
....
sphere

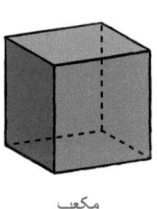

مکعب
....
cube

رنگ

colors

چٹا

white

پیلا

yellow

نارنجی

orange

گلابی

pink

رتا

red

جامنی

purple

نیلا

blue

ہرا

green

کتھئی

brown

سرمئی

gray

کالا

black

مخالف

opposites

زیادہ / گھٹ

a lot / a little

ناراض / پرسکون

angry / calm

خوبصورت / بدصورت

beautiful / ugly

ابتداء / اختتام

beginning / end

وڈا / نکا

big / small

روشن / نھیرا

bright / dark

بھرا / بہن

brother / sister

صاف / گندا

clean / dirty

مکمل / نا مکمل

complete / incomplete

دن / رات

day / night

مردہ / اندہ

dead / alive

چوڑا / تنگ

wide / narrow

خوردنی / ناقابل خوردنی

edible / inedible

پھیڑا / چنگا

evil / kind

خوش / ناخوش

excited / bored

موٹا / پتلا

fat / thin

پہلا / آخری

first / last

دوست / دشمن

friend / enemy

بھریا / خالی

full / empty

سخت / نرم

hard / soft

بھاری / ہلکا

heavy / light

بھوک / پیاس

hunger / thirst

بیمار / صحتمند

ill / healthy

قانونی / غیر قانونی

illegal / legal

ذہین / بیوقوف

intelligent / stupid

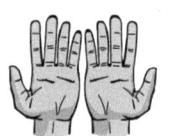

کھبا / سجا

left / right

کولے / دور

near / far

نواں / پرانا

new / used

کجھ نئیں / سب کجھ

nothing / something

بڈھا / جوان

old / young

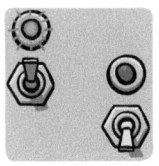

کھولنا / بند کرنا

on / off

کھولنا / بند کرنا

open / closed

خاموشی / شور

quiet / loud

امیر / غریب

rich / poor

درست / غلط

right / wrong

کھردرا / ہموار

rough / smooth

افسردہ / خوش

sad / happy

نکا / لما

short / long

آہستہ / تیز

slow / fast

گیلا / خشک

wet / dry

گرم / ٹھنڈا

warm / cool

جنگ / امن

war / peace

0	**1**	**2**
صفر	اک	دو
zero	one	two
3	**4**	**5**
تن	چار	پنج
three	four	five
6	**7**	**8**
چھ	ست	اٹھ
six	seven	eight
9	**10**	**11**
نو	دس	یاراں
nine	ten	eleven

12

باراں

twelve

13

تیراں

thirteen

14

چودا

fourteen

15

پندرہ

fifteen

16

سولہ

sixteen

17

ستاراں

seventeen

18

اٹھاراں

eighteen

19

انیہ

nineteen

20

وی

twenty

100

سو

hundred

1.000

ہزار

thousand

1.000.000

ملین

million

بولی

languages

انگریزی

English

امریکی انگریزی

American English

چینی مینڈیرین

Chinese Mandarin

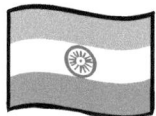

ہندی

Hindi

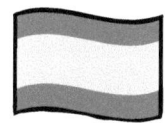

سپینش

Spanish

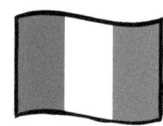

فرینچ

French

عربی

Arabic

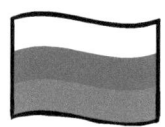

رشئین

Russian

پرتگالی

Portuguese

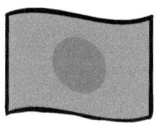

بنگالی

Bengali

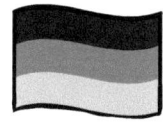

جرمن

German

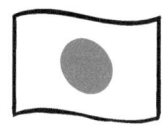

جاپانی

Japanese

کون/ کی / کیویں

who / what / how

میں

I

توں

you

وہ/وہ/ایہہ

he / she / it

اسیں

we

توں

you

او

they

کون؟

who?

کی؟

what?

کیویں؟

how?

کتھے؟

where?

کدوں؟

when?

ناں

name

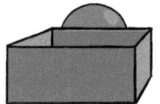

کتھے

where

پچھے

behind

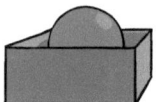

وچ

in

نے سامنے

in front of

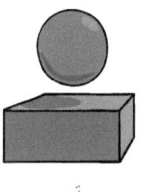

تے

over

تے

on

ہیٹھ

under

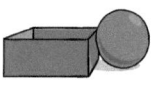

سوا

beside

مابین

between

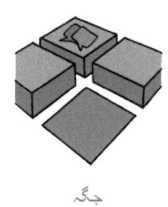

جگہ

place